COMMISSION ITALIENNE DE SECOURS AUX BLESSÉS

ET

COMPAGNIE HUMANITAIRE ITALIENNE

COMPTE-RENDU

DE LA

SÉANCE DU 26 FÉVRIER 1871

STÉNOGRAPHIÉE PAR LE BUREAU STÉNOGRAPHIQUE

DES FRÈRES DUPLOYÉ

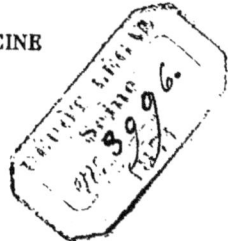

PARIS

A. PARENT, IMPRIMEUR DE LA FACULTÉ DE MÉDECINE

31, RUE MONSIEUR-LE-PRINCE, 31

—

1871

LA PREMIÈRE PAGE

UNE IMPRESSION

A Monsieur le Président de la Commission italienne de
SECOURS AUX BLESSÉS *et Commandant de la Compagnie*
humanitaire italienne.

Faire le bien est une bonne et bien excellente chose,
mais inspirer à chacun le désir louable, la tentation
irrésistible de l'essayer également, ne saurait être en-
couragé trop vivement. La nature humaine est ainsi
faite, que, foncièrement généreuse et dévouée au fond,
malgré tout, elle penche volontiers et de préférence
vers le charitable, vers le soulagement, d'autant mieux
et plus ardemment et plus héroïquement que l'exemple
lui en est donné, que la pensée lui en est présentée.

La publication des travaux et le récit des actes
accomplis par la Commission italienne de secours aux
blessés et la Compagnie humanitaire italienne durant
le siége subi par notre chère et glorieuse ville de Paris,
tend évidemment et efficacement au but que j'indique
et que je définis.

Puis ne faut-il pas que soient recueillis toutes les
nobles actions, tous les beaux dévouements de notre
lamentable temps d'épreuves, de luttes, de résistance,
de misères, de résignation résolue, de constance, alors
que, retranchés en quelque sorte de notre patrie et du
monde par le cercle de fer et de feu qui nous envelop-
pait, nous allions tous au devoir, oui fut pour beaucoup

la mort, sans autre espérance dans l'âme, sans autre encouragement que de léguer un exemple.

Ah! si le sacrifice ne fut pas entier, la faute ne nous en revient pas. Nous l'avions accepté, nous le recherchions, nous le voulions tous virilement dans la Cité-capitale.

Mais....

L'Histoire aura son heure... Elle dira!!!

La Commission italienne et la Compagnie humanitaire s'étaient données, elles, un mandat, une tâche.

Les pages de ce livre seront le témoignage vivant, présent toujours, pour qui les lira, que la Colonie italienne, habitant Paris, n'a pas failli aux engagements humanitaires et charitables qu'elle avait pris.

La Colonie italienne, sous le titre : *Commission italienne de secours aux blessés et Compagnie humanitaire italienne*, a bien mérité de la France et bien mérité de l'Italie.

Par son œuvre,

Elle a servi généreusement et héroïquement la première,

Et noblement glorifié la seconde.

Vous m'aviez demandé mon impression, mon cher Fr∴ comte Montemerli.

Je serai fort heureux si, par ces lignes, je puis avoir répondu à votre sentiment.

A vous sincèrement et à tous vos compatriotes, d'une estime bien dévouée.

HUBERT,

Ancien Conseiller de préfecture, Rédacteur et Directeur du journal de francmaçonnerie, la *Chaîne d'Union*.

TRÈS-CHER PRÉSIDENT,

Au nom de plusieurs de nos amis et camarades, faisant partie de la Compagnie humanitaire italienne, nous venons vous demander l'autorisation de pouvoir faire imprimer dans un journal ou comme brochure, le compte-rendu de notre réunion générale du 26 février, puisque nous avons eu la précaution de tout faire sténographier.

Il est bien que nous puissions rendre compte, même de nos soupirs, afin que les ennemis du bien n'en dénaturent point le motif ; et en même temps nous joindrons à cette publication la liste nominative des membres composant la Compagnie et nous signalerons ceux d'entre eux qui, par leur concours pécuniaire, ont aidé à notre entreprise.

Veuillez agréer l'expression de notre amitié et de notre estime.

ITALIANI, MASSERANO, PIOLLINI, DECAMILLI.

A Messsieurs Italiani, Masserano, Piollini, De Camilli.

MES CHERS AMIS,

J'aurais hésité à me rendre au désir que vous m'exprimez, car mon nom vient bien souvent, dans le compte-rendu de l'œuvre humanitaire que nous avons accomplie de concert, mais c'est votre certificat d'honneur auprès du public, le seul et légitime juge de nos actes.

Je dois alors me rendre à votre demande.

Réunissez nos documents et publiez-les; chacun de nous aura ainsi la satisfaction de pouvoir les recevoir et les conserver.

Et plus tard, à mon tour, dans le compte-rendu détaillé de la Commission de Secours, je ferai connaître d'une manière plus complète toutes nos œuvres et la série d'obstacles sans nombre que nous avons montrés pour faire le bien.

A vous de cœur.

MONTEMERLI.

SÉANCE

DE LA

COMMISSION ITALIENNE DE SECOURS AUX BLESSÉS

ET DE LA

COMPAGNIE HUMANITAIRE ITALIENNE

PRÉSIDÉE

par Monsieur le Comte MONTEMERLI

le 26 février 1871.

Le dimanche 26 février 1871, eut lieu, à l'ambulance italienne, en son hôtel, rue Taitbout, la réunion de l'assemblée
générale de la Commission italienne de secours aux blessés,
et de la Compagnie humanitaire italienne, fondée par les
soins dévoués et intelligents de M. le comte Montemerli.

Tous les membres de cette société qui s'est particulièrement
distinguée par ses nombreux services, pendant toute la durée
du siége, s'étaient rendus avec empressement à l'appel de leur
bien-aimé Chef, à deux heures de l'après-midi, heure à laquelle
l'ouverture de la séance avait été fixée.

La salle de la réunion, ornée surtout de deux riches étendards, le drapeau de Genève et celui d'Italie qui mariaient
leurs couleurs, était comble.

Dans l'honorable et nombreuse assistance, on remarquait
M. Wolf, intendant-général de l'Armée française, qui avait
voulu, par sa présence, témoigner toute son estime pour cette
digne Société.

Au milieu du plus profond silence, M. le comte Montemerli,
président de la Commission italienne, prit la parole en ces
termes :

« Compatriotes et amis, la paix qui met fin à la guerre sera la halte désirée de nos travaux humanitaires. Vous avez agi sous l'impulsion de votre conscience, de votre patriotisme. Les devoirs que vous vous étiez imposés, vous les avez remplis sans demander jamais aucune récompense. Et la seule, la plus grande que vous ayez désirée, c'est de venir aujourd'hui, ici, en présence de l'autorité militaire dont vous avez dépendu tout le temps, et qui vous a rendu, jusqu'au dernier moment, justice entière, par l'attention donnée à vos travaux, par l'estime qu'elle m'a témoignée, par le dédain, avec lequel elle a accueilli les faux bruits que mettaient en circulation des envieux et des malintentionnés, sur l'œuvre que nous faisions d'un commun accord et dont je vais vous entretenir.

« Nous avons, nous, hommes de 52 ans, comme moi, nous qui avons fait beaucoup ou peu dans notre vie, c'est l'histoire qui le dira, nous avons l'obligation de ne jamais rien entreprendre au hasard. Celui qui se jetterait dans la politique, dans la religion, dans la charité avec des idées d'intérêt personnel, ne serait qu'un mercenaire ; il ne remplirait pas loyalement sa tâche.

« Lorsque la guerre entre la France et la Prusse fut déclarée, moi, Italien, j'habitais Paris, vivant dans un cercle restreint d'amis. Mes antécédents politiques ne me permirent pas de rester indifférent aux malheurs de la France.

« J'avais conscience de ma capacité militaire, et je pouvais et je puis en avoir conscience : l'histoire de Cattaneo sur la Révolution de 1848, et toute la presse lombarde sont là pour l'attester. C'est moi qui, à Milan, ai formé la théorie militaire; j'avais donc quelques droits à prendre et à tenir une épée. Mais je l'avoue franchement, la guerre, pour des raisons que j'ai déjà fait connaître par les actes de toute ma vie, la guerre m'est en horreur ; je ne pouvais donc pas devenir soldat; comme hôte de Paris, j'ai dû préférer la croix de Genève pour secourir mes frères les Français, et rendre service aux armées, aux combattants, par mon activité et par mon dévouement.

« La croix de Genève, le drapeau de Genève apparaissant sur le champ de bataille, rappelle une convention faite en Suisse, qui admet la guerre. A ce dernier point de vue, la convention de Genève fait évidemment fléchir les lois de l'humanité ; mais dès lors qu'on reconnaît la nécessité de la guerre et que des peuples s'y précipitent, il est certain qu'ils ont besoin de mains pacifiques et secourables pour relever les victimes des combats.

« Puisque nous sommes à notre dernier entretien sur ce sujet, permettez-moi de vous exposer mon sentiment sur la convention de Genève, au point de vue psychologique et moral.

« Et d'abord son principe est mal posé et peu philanthropique, je vous l'ai dit, car elle admet la guerre. Je voudrais, moi, une société qui déclarât nettement qu'il ne doit pas y en avoir. Mais le fait de la guerre étant accepté, la société de Genève devrait procéder autrement.

« Cette société internationale autorise les individus de n'importe quelle nationalité à aller sur le champ de bataille avec tous les moyens de transport et de secours pour les blessés, pourvu que l'on porte, à côté du drapeau de Genève, le drapeau national. Dans ces conditions, il est admis que toute nation peut aller dans les deux camps pour exercer son œuvre de charité. J'ai pensé qu'une association humanitaire italienne, qui soignerait les blessés, qui leur viendrait en aide sous tous les rapports, et qui aurait l'avantage de marcher sous le drapeau de Genève, pourrait avoir son utilité à Paris, et voilà pourquoi je m'arrêtai au parti de former un Comité de secours aux blessés, une Ambulance et une Compagnie humanitaire. Mais il est une chose que je voudrais vous faire comprendre : — Quand on vous arme d'une épée et d'un pistolet, vous savez ce que cela veut signifier ; vous ne voudriez pas vous en servir pour des cas douteux, blâmables, mais seulement pour protéger et défendre au besoin les honnêtes gens.

« Ce principe devait s'appliquer rigoureusement à la croix de Genève. Cependant n'arrive-t-il pas qu'on la mette à la disposition de mercenaires, de gens qui en font l'occasion de spéculations, qui peuvent même s'en servir pour l'espionnage militaire et politique ?

« Vous ne me soutiendrez jamais qu'aucun de vous, s'il y avait la guerre entre l'Italie et la France, pût rester indifférent. Quand vous auriez été avec des brancards pour chercher des blessés italiens et que vous auriez vu des canons dans le camp français, vous ne sauriez vous empêcher, à votre retour, de révéler ce que vous auriez vu. Ce ne serait point de l'espionnage, ce serait la conséquence d'un entraînement de pur patriotisme ; et tout peuple belligérant agira ainsi. Il ne me paraît donc pas rationnel que les brancardiers appartiennent aux parties combattantes. Il est de droit dans les armées, que chaque régiment et que chaque bataillon aient leur contingent d'ambulanciers. Ils font respecter et, au besoin, protégent et défendent les convois des blessés.

« Le blessé ! il est bien qu'on le soigne, qu'on le ramasse, et c'est là une tâche aussi noble que celle du soldat qui se bat, c'est un appui matériel et un encouragement moral pour les armées ; car il est difficile d'attendre et de demander de la pitié à ceux qui se battent. Dans toutes les guerres, l'histoire nous montre le spectacle navrant et fatal du soldat, du cavalier, de l'artillerie qui marchent, qui piétinent, qui passent sur le corps des blessés.

« Dans toutes les réunions où nous allons, nous qui avons fait le service d'ambulanciers, de brancardiers et qui en avons vu les difficultés, nous avons surpris chez beaucoup une certaine prédisposition à nous considérer volontiers comme des espions, parce que nous nous portions, pour recueillir les blessés, jusque sur les points occupés par les Prussiens. Vous pouvez être espions, nous disait-on, donc vous devez l'être. Non, nous ne pouvons pas l'être : comme nous sommes Italiens, si nous pénétrions chez les Prussiens, nous ne pouvions qu'observer la même neutralité que vous nous voyiez garder chez vous. Il convient alors de propager l'idée que l'ambulance internationale ne doit pas se composer de personnes appartenant aux nations engagées dans la lutte, que ses membres doivent être, pour les deux parties, comme les témoins d'un duel : vous devez partager cette conviction. Je crois que l'analyse du plan de la Société internationale montre la nécessité de cette modification.

Quant à l'usage qu'on a fait du drapeau de Genève, tous, vous le savez, et, dans un compte-rendu imprimé, vous en trouverez les détails, ainsi que dans les lettres que j'ai écrites.

« Cette solennité m'autorise à vous faire connaître, dans son texte, une de ces lettres. Elle fut adressée à M. le comte Serrurier.

« Voici ce que j'exprimai à M. le comte Serrurier, le 27 septembre.

A M. le Comte SERRURIER, *Vice-Président de la Société de Secours aux blessés militaires.*

Paris, 27 septembre 1870.

Monsieur le Comte,

Je vais résumer succinctement les observations que j'ai eu l'honneur de vous faire hier au Palais de l'Industrie, observations qui se sont trouvées conformes à vos vues et qui, je l'espère, pourront appuyer vos efforts, afin que le Gouvernement de Paris prenne des mesures promptes et énergiques contre ceux qui, abusant de la Croix de Genève, en font la sauvegarde de leurs boutiques ou de leurs richesses, et cela, Monsieur le Comte, au détriment de la sûreté et de la vie des pauvres blessés et de ceux qui, au moment où les bombes porteront partout la ruine et l'incendie, resteront à leur poste d'honneur auprès des nobles victimes du massacre.

Monsieur le Comte, nous avons reçu de vos mains le drapeau de la Société Internationale, lorsque la France, pleine d'assurance, croyait vaincre, lorsque, confiante en l'avenir, son cri de guerre était : A Berlin !

La Commission de secours que j'ai l'honneur de présider s'était unie alors, certaine que, d'avoir une ambulance, serait un puissant moteur pour tenir en éveil la charité italienne et obtenir des fonds pour la Société Internationale. A cette époque, le drapeau de Genève ne flottait que sur le Palais de l'Industrie et sur notre humble ambulance, sise rue Taitbout.

A présent l'aspect est bien changé; Paris ressemble à une immense ambulance, et s'il en était ainsi, la défense deviendrait inutile, mieux vaudrait planter le drapeau de reddition sur le palais du commandement militaire et sur les tours de Notre-Dame. Mais, grâce à Dieu, il n'en est pas ainsi; Paris renferme, dans ses murs, l'élite de la nation française prête à se défendre, et à tout sacrifier pour vaincre.

Il ne faut donc pas livrer le drapeau qui doit protéger vos braves à une foule de lâches spéculateurs qui se servent des blessés comme d'un rempart, non dans le but de secourir ceux qui souffrent, mais dans le but d'être eux-mêmes protégés.

Tout en faisant la part des circonstances difficiles dans lesquelles nous nous trouvons, nous croyons qu'à un aussi grand mal, on peut et on doit apporter un remède; ce n'est qu'en procédant avec sangfroid et fermeté que l'on rétablira l'ordre dans cette anarchie de bienfaisance qui s'est emparée de Paris; ce n'est, que par le sangfroid et par l'ordre, que l'on pourra non-seulement garantir la sûreté et la vie des chers blessés, mais protéger ce qu'une nation a de plus sacré, ce qui représente son passé et son avenir : les vieillards et les enfants !

Monsieur le Comte, ces sérieuses considérations que nous osons soumettre à votre haute appréciation, nous sont dictées par l'immense désir de procurer un bien général.

Nous vous conjurons, Monsieur le Président, d'user de toute votre autorité, de toute votre influence, afin que le Gouvernement de la Défense prenne les déterminations suivantes :

1° Centraliser autant que faire se peut le point de réunion des ambulances pour pouvoir en désigner la localité à l'Etat-Major prussien.

2° Faire un appel (en deux jours, par exemple) aux porteurs de cartes et de brassards, afin qu'ils se présentent aux bureaux du Palais de l'Industrie, et qu'une nouvelle marque, apposée par la Commission, rende ce signe de confiance infalsifiable.

3° Refus de donner des blessés aux particuliers, à moins que ce ne soit sous l'inspection et la sauvegarde du Gouvernement ou de la Société Internationale.

4° *Exercer la plus grande surveillance sur les porteurs de cartes et de brassards, afin qu'ils ne servent pas d'armures aux peureux et aux espions, et que ceux qui les porteraient sans y avoir droit, soient publiquement dénoncés et punis.*

Voici, Monsieur le Comte, le résumé des observations que notre dévouement nous suggère ; puisse-t-il être par vous accepté avec bienveillance et reçu comme une nouvelle preuve de l'immense confiance et de la haute considération que vous nous inspirez.

Croyez-moi, Monsieur le Comte, avec un entier dévouement, votre très-obéissant serviteur,

Comte Lorenzo **Montemerli**.

« Mes idées ont été plus ou moins mises à profit ; le fait est que nous avons conduit à bonne fin notre œuvre, quoique notre association ait marché au milieu des obstacles ; nous avons fait le bien sous le couvert d'une grande protection, oui, la protection du général Wolf.

M. le général Wolf faisait bonne justice des attaques et des calomnies répétées contre nous ; il nous encourageait : « Marchez droit, disait-il, et ne vous épouvantez pas. »

« Est-ce vrai, Monsieur le général Wolf ?

Le général Wolf... Mais, oui.

M. le Président. « ..... Par conséquent, forts de notre conscience, forts de l'approbation de celui sous la direction suprême duquel nous accomplissions notre œuvre, nous l'avons continuée jusqu'au bout.

« Cet exposé achevé, je viens vous soumettre les comptes-rendus de l'ambulance italienne. Vous y verrez tout ce que nous avons reçu en argent, même les plus petites offrandes. Le total des sommes qui nous ont été remises jusqu'à ce moment s'élève à 7,701 fr. Nous avons fait face à une dépense de 11,000 fr. Dans ces 11,000 fr. entrent, il faut que je le dise, parce que je dois rendre compte de la manière dont j'ai employé cet argent : 2,000 fr. que ma femme a apportés, 3,000 fr. pour le loyer de la maison, ce qui fait 5,000 fr. La dépense véritable sera moindre que les 7,000 fr. que nous avons reçus. Avec ces 11,000 fr., nous avons eu le local, nous avons acheté la literie, nous avons meublé la maison, nous avons eu un personnel médical, des domestiques, des cuisiniers, des aliments et tout ce qu'il a fallu, et j'espère que ce chiffre parlera assez haut à ceux qui voudraient prétendre que nous avons gaspillé l'argent. (Vive et unanime approbation.)

« Mais toutes ces grandes choses, je n'aurais pas pu les faire seul. Permettez-moi de vous esquisser en quelques mots la biographie des personnes qui m'ont aidé à les accomplir.

« La Commission italienne de secours s'est composée, jusqu'au 11 novembre, de personnes qui s'étaient ralliées à moi et que je ne connaissais pas absolument, sauf quelques-unes. Je dois le reconnaître, je n'avais pas cru devoir prendre des informations préalables sur chacun de ceux qui venaient m'offrir leur concours pour ramasser les blessés; que demandais-je, des hommes de cœur? Je n'avais pas besoin d'entrer bien avant dans la vie de chacun pour me rendre compte des sentiments que je recherchais.

« Pour les affaires d'argent, nous avons pris un caissier; pour les blessés, ma femme. J'étais sûr que, par ma femme, ils seraient bien soignés. (Marques unanimes d'assentiment.)

« Nous avions donc toutes les garanties morales, et notre ambulance était munie de tout le matériel et le confort désirable.

« Les choses marchaient pour le mieux, quand un des membres de notre association, cédant à une impression regrettable, a amené une scission, dans laquelle sans droit, sans autorité, on a été jusqu'à prononcer ma déchéance.

« On a dit : « Vous n'êtes plus digne d'être notre président, « allez-vous en. »

« J'y ai réfléchi trois fois; j'ai souri du singulier incident, et je ne m'y suis pas arrêté plus longtemps. Je n'ai pas vu de nécessité sérieuse de céder devant une inconvenance plus que déplacée; j'ai gardé la présidence, ce qui déplut fort aux dissidents. Ces messieurs, qui étaient chez moi, se sont en allés; ils ont cru avoir le droit de tout emporter : la caisse, l'argent, le livre des procès-verbaux. L'affaire est devant le tribunal; je m'abstiens donc de toute autre réflexion.

« Je suis resté ainsi avec les blessés depuis le 11 novembre. C'est moi qui, avec 1,400 francs que j'ai reçus depuis ce temps-là, ai fait marcher toute l'ambulance. Mais, si ces messieurs sont partis, c'est qu'ils ont cru mieux faire. Vous avez signé tous contre eux, à la date du 28 novembre, une protestation qui fut imprimée. Je l'ai présentée aux Généraux, qui me dirent, dans une espérance de conciliation : « Faites-nous un « plaisir, gardez-là dans votre portefeuille » (1).

(1) *La Commission Italienne de secours et Compagnie Humanitaire pour les Blessés des Armées, dans la guerre de 1870. — Autorisées et reconnues par le Gouvernement de la Défense et sous les ordres directs de l'Intendance générale militaire,*

A M. LE GÉNÉRAL TROCHU, *Président du Gouvernement de la Défense de Paris,*

Et à M. WOLF, *Intendant général des Armées.*

Nous soussignés Membres de la Commission Italienne et de la Compagnie humanitaire Italienne ;

Protestons de toutes nos forces contre les Membres de la Société Italienne de Secours aux blessés qui se sont séparés de nous, et qui au lieu de nous donner l'appui moral qu'ils disaient devoir nous prêter et d'accomplir scrupuleusement leurs devoirs envers le nom italien qu'ils portent, le méconnaissent et le renient, se laissant guider et conduire dans les voies de la discorde par des Étrangers qui, peu jaloux de l'honneur de notre pays, et pour satisfaire des vues personnelles, oublient leurs devoirs les plus sacrés envers les Italiens qu'ils disent représenter, et pratiquent tout ce qui est en leur pouvoir pour faire naître des discordes profondément affligeantes pour tous les vrais italiens qui, honnêtement et consciencieusement, se sont unis au comte Montemerli pour faire le bien, comme s'unit une Légion pour combattre, sans calculer qui, parmi ces hommes, s'acquerra le plus de renom, mais tous prêts à la lutte et au sacrifice.

Nous soussignés protestons contre ces dissensions et leurs auteurs ; nous protestons parce que notre conscience nous l'impose, parce que l'honneur national nous l'ordonne, et en outre par un sentiment de justice inné dans le cœur des honnêtes gens; ce sentiment nous presse de certifier que le seul but auquel nous ayons tous visé, a été atteint : « Prodiguer des secours aux blessés, prêter un peu d'aide à Paris as-« siégé, et tendre une main amie à la France en deuil. »

Paris, ce 28 novembre 1870.

(Suivent les signatures de tous les membres de la Compagnie.)

« Les dissidents, allant jusqu'au bout de leurs illégales prétentions, se sont joints à l'ambulance établie au théâtre Italien. Là leur coopération fut-elle sérieuse, devint-elle sérieuse? Chacun a pu s'en assurer. Je ne voulais pas y mettre obstacle, on le conçoit sans peine. Mais, en voilà assez sur ce sujet.

« J'arrive à présent à la Commission actuelle, à ceux qui sont restés fidèles jusqu'à la fin, à ces hommes dignes de votre estime et de votre reconnaissance, parce que si, parmi eux, il y en a qui sont Italiens, ils ont rempli comme nous leur devoir, en se mettant dans le service des ambulances; mais il y a des Français, et ils sont doublement louables, car ils se sont associés avec nous, non-seulement pour sauvegarder notre travail, mais pour être les garants de notre probité dans notre œuvre humanitaire.

« En premier lieu, je vous parlerai d'un homme (il n'est pas ici, sa modestie ne sera donc pas froissée), d'un homme qui doit être honoré par tous les honnêtes gens, c'est le Dr Gruby.

« M. Gruby n'est pas Italien, n'est pas Français non plus; il est Hongrois : son âme appartient au *Cosmos*, à l'univers, à la souffrance, aux malheureux, à la science; il n'y a plus de caste ni de nationalité qui l'arrête quand il s'agit de secourir les blessés; il fait son devoir. C'est lui qui, avec notre compatriote le docteur Vio-Bonato, a soigné nos blessés. Ce dernier est bien plus jeune que le Dr Gruby. Comme il avait ses soins à donner au Théâtre-Italien, il a laissé la haute main sur nos blessés au Dr Gruby. Néanmoins le Dr Vio-Bonato fut d'un grand dévouement et d'une excessive délicatesse dans notre ambulance. Pour le Dr Gruby, il ne s'est pas seulement distingué comme membre de la Commission, mais encore par un zèle ardent au-dessus de tout éloge et par des sacrifices de toutes sortes, et c'est devant un témoin actif de l'armée que je le proclame : le Dr Gruby a bien mérité de la France.

« En effet, M. Gruby avait un Observatoire, il l'a donné au Gouvernement; il avait une Ambulance chez lui, il y a soigné gratuitement les blessés ; il avait un Observatoire de campagne pour l'armée, le feu l'a détruit ; cet accident lui a causé une perte énorme d'objets d'astronomie, il n'a demandé aucune indemnité. Il a formé un tir à la cible pour les gardes nationaux ; il a habillé je ne sais combien de gardes mobiles. Et tout cela, il l'a accompli seul, sans l'aide de quiconque. Si vous le voyiez, jamais il n'en dit mot. Voilà pour le Dr Gruby, membre de la Commission. (Très-bien ! — Très-bien !)

« Quant à M. Vio-Bonato, tout le monde a pu apprécier son patriotisme et son constant bon vouloir. Comme médecin et comme Italien. (Approbation.)

« Après lui vient M. Coblentz. Vous le connaissez tous : il s'est toujours montré ici, dans l'ambulance, d'une grande activité. Il a soigné les blessés, il a toujours été les chercher avec nous sur le champ de bataille, il a fait plus de besogne que vingt médecins, à Créteil, où M. le général Wolf nous avait envoyés tout seuls. C'est M. Coblentz qui a soigné tous les blessés ; il mérite notre grande estime et la plus vive reconnaissance (Marques d'assentiment.)

« Puis MM. de Camilli, Garcia, Huard, Hubert, Italiani, Marchi, Masserano, Reignard, Servy, Vernassa et Wagner.

« Quand je suis resté seul, que les autres Italiens m'ont abandonné, j'ai cru qu'il n'y avait rien de mieux à faire que de prendre ceux qui appartenaient à la Compagnie, pour en faire les membres de la Commission, parce qu'ils étaient à même de surveiller l'intérêt moral et matériel de notre gestion.

« Enfin je dois aussi dire un mot d'un membre de la Commission auxiliaire qui est Français... M. Reignard.

« M. Reignard nous a offert, comme souvenir, ce magnifique drapeau de Genève(1), le soir où un souper nous a tous réunis. A notre extrême regret, M. le général Wolf n'était pas présent ; mais il s'est fait remplacer. M. Adolphe Reignard est l'ami de votre président et de votre commandant depuis vingt-cinq ans ; il connaît ma famille. Nos relations amicales n'ont jamais subi

(1) Voir la lettre, page 33.

2

d'affaiblissement et n'en subiront jamais, bien au contraire, car mes amis et moi, nous l'espérons bien, nous nous montrerons toujours dignes de la sympathie de M. Reignard.

« M. Reignard a meublé presque toute notre ambulance : il n'a jamais voulu qu'on fît savoir ce qu'il a fait ; mais notre compte-rendu vous le fera connaître d'une manière plus complète et plus détaillée que je ne puis le faire en ce moment. Je crois n'avoir oublié aucun des membres de la Commission de secours. Ceux que je vous ai nommés parmi les italiens, ont été pour moi, je vous l'assure, des aides très-dévoués. Quant à vous qui êtes venus ici, vous pourrez dire à ceux qui sont absents que notre gestion a été véritablement conforme à ce que nous avons fait imprimer.

« A présent reste le joyau de mon œuvre.

« C'est la *Compagnie humanitaire*, c'est vous.

« Vous avez illustré la Commission de secours et l'œuvre que j'ai commencée, par votre activité de chaque jour, vos sacrifices, vos peines, le dévouement dont vous avez fait preuve, dans un esprit de véritable charité, que je m'honore d'avoir partagé avec vous et qui honore beaucoup notre pays. M. le général Wolf, comme vous le verrez dans le compte-rendu, m'a donné des témoignages nombreux de sympathie ; mais celui dont il m'a honoré l'autre jour est le plus remarquable. Je vous ferai part aujourd'hui de sa lettre ; je ne veux pas vous priver du plaisir de l'entendre ; je l'ai fait imprimer pour que chacun de vous puisse la recevoir et dire bien haut la vérité dans les cafés, dans les hôtels, à tous vos amis devant lesquels on s'est plu trop souvent de répéter mille cancans.

On vous a calomniés, on a dit que vous étiez des mercenaires.

« Les mercenaires sont ceux qui ont dit cela : car les honnêtes gens sont incapables de faire une mauvaise action, ils ne calomnient pas les autres.

« L'homme qui a osé avancer que vous étiez payés, en a menti. Voilà le général Wolf qui peut le déclarer ; personne de vous n'a reçu ni un sou ni un obole ; personne de vous n'a reçu d'autres remerciements que celui du Général : c'est un document, il est inappréciable, il passera à la postérité. (Applaudissements.)

Le voici :

« A tous les Membres de la Commission italienne de secours aux blessés, et de la Compagnie humanitaire italienne.

« Armée de la Défense nationale.

« Les Membres de la Commission italienne de Secours aux blessés, et de la Compagnie humanitaire de la même nation, présidés et commandés par le Comte Lorenzo Montemerli, ont bien mérité de l'armée française, par le dévouement et le désintéressement dont ils ont fait preuve, *en relevant les blessés* sur les champs de bataille, et en les soignant dans leur Ambulance, établie rue Taitbout, 24, dans d'excellentes conditions.

« Paris, le 7 février 1871.

« LARREY, Inspecteur, médecin en chef de l'armée.— A. NOEL, général de brigade, commandant supérieur du Mont-Valérien. — S. de MAUDHUY, général de division, commandant la 2ᵉ division, rive gauche, 3ᵉ armée. — DUCROT, général, commandant en chef. — WOLF, intendant général. — J. VINOY, général, commandant l'armée de Paris.— BEAUFORT, général, commandant la 3ᵉ division de la 3ᵉ armée. — CORRÉARD, général de division, commandant la 1ʳᵉ division du 3ᵉ corps d'armée. — TROCHU, gouverneur de Paris (1).

Que l'on vienne dire que nous n'avons pas bien mérité de la France! Qu'on le dise! (*Bravo! Bravo! Applaudissements!*)

« Je connais mon monde, je sais tenir ma langue, et bien que plus difficilement mes mains, sauf à me faire casser la tête. Je suis en effet homme d'honneur avant tout, de même qu'honnête homme, et j'en sais les lois que j'observe. Aussi j'abandonne, je livre sans réserve à l'examen, au jugement de tous, tous mes actes, ma vie entière. Voilà ma force, voilà mes titres, les seuls titres que j'estime et que je recherche. Maintenant, si je donne sur les nerfs, en parlant à ceux qui ne parlent pas, ça m'est égal. Que je donne sur les nerfs, parce que je parle vite, à ceux qui parlent lentement, ça

(1) La pièce autographe restera dans les Archives de la Société.

L. M.

m'est égal; que je donne sur les nerfs à ceux qui volent,
parce que je ne vole pas, ça m'est toujours égal; mais je veux
toujours être un vrai Montemerli; je veux toujours être en
mesure d'établir et de prouver que je ne fais rien par intérêt,
mais tout pour le bien et l'humanité. (*Bravo! Applaudissements!*)

« A présent, voici le compte-rendu.

« Vous allez voir les millions que nous avons dépensés et
surtout mangés. (*Rire général dans l'Assemblée et approbation.*)

COMPATRIOTES ET AMIS,

Dans la mission que nous avons accomplie, votre conscience
doit vous dire que vous avez rempli le devoir sacré et humanitaire que nous nous sommes imposé !

Oui, j'ai l'orgueil de pouvoir affirmer que par l'honneur que
vous m'avez conféré d'être votre Président et votre Commandant,
je ne m'attribue aucun autre mérite que celui de n'avoir jamais
manqué de vous accompagner dans vos rudes épreuves, et d'avoir
conservé inébranlable le serment de la constitution qui nous avait
liés; de faire le bien sans partager aucune démonstration politique.

Dans les six mois que nous avons traversés en cette malheu-
reuse Babylone moderne, on a voulu à tout moment détruire notre
faisceau, et la calomnie, l'intrigue, les fausses insinuations des
envieux de tout genre, n'ont pas manqué à notre égard; mais nos
œuvres étaient là pour les défier.

Compatriotes et Amis ,

Nous appelons comme témoins de nos actions les blessés que
nous avons soignés, desquels pas un seul n'a été mutilé, et tous
ont parfaitement guéri. Nous appelons le témoignage de tous les
blessés que nous avons ramassés sur les champs de bataille, et
arrachés aux dangers des Forts bombardés, ainsi que le grand
nombre de malades que nous avons enlevés des endroits menacés;
nous appelons le témoignage de ces braves des autres ambulances,
qui partageaient avec nous le bonheur de porter secours aux pauvres blessés; enfin, nous appelons le témoignage de toute âme
honnête, qui, sans jalousie, sans intérêt personnel ou esprit de

démoralisation, reconnaisse, comme moi, que vous avez bien mérité de l'humanité et de notre bien aimée patrie : l'Italie.

Comme souvenir, je vous promets une histoire précise et détaillée de nos actions, marquant les événements journaliers, appuyée par des documents irrécusables. Rien ne vous sera caché, et devant la vérité ma plume ne sera arrêtée par aucune considération.

Quant à la partie financière, les chiffres sont là pour constater que, avec quelques milliers de francs, nous avons fait de vrais miracles de dévouement et d'économie.

En attendant le retour des quelques membres de la Commission de Secours qui, malgré eux, se sont trouvés éloignés de Paris pendant le siége, j'ai voulu vous réunir aujourd'hui, et j'espère que vous me saurez bon gré de l'avoir fait.

La plus grande partie de vous a consenti de rester Compagnie Humanitaire Italienne à Paris; bientôt je soumettrai à votre appréciation les bases des statuts, et j'espère que nous continuerons à faire le bien dans cette grande ville hospitalière.

> Le Président de la *Commission de Secours aux Blessés, et Commandant de la Compagnie humanitaire* :
>
> COMTE LORENZO MONTEMERLI.

(Cette lecture est accueillie par les applaudissements de l'assemblée.)

« J'ai l'honneur de vous annoncer que notre noble ami, le général Wolf, a consenti à présider notre nouvelle institution. (Merci ! merci !)

« Je vais vous donner maintenant le compte-rendu de l'emploi de votre argent. »

COMPTE-RENDU SOMMAIRE

DE LA

COMPAGNIE HUMANITAIRE ITALIENNE

« La Compagnie humanitaire a compté parmi ses enrôlés plus de
« 200 italiens. Elle s'est organisée militairement et n'a voulu
« reconnaître d'autre autorité que celle de l'intendance générale
« de l'armée.

« Par un conseil d'administration nommé parmi ses membres,
« elle a pourvu à tous les frais généraux de la Compagnie, et aucun
« membre de la Compagnie n'a perçu aucune solde, rémunération
« ou gratification de qui que ce soit.

« C'est clair. Cela vous satisfait-il ?

Oui, oui.

« Seulement dans les derniers huit jours du siége, lorsque le
« pain manquait, l'intendance militaire a fourni aux hommes qui
« montaient la garde les rations de pain. »

L'intendant général n'en savait rien ; ce fut un abus obli-
geant et généreux des sous-intendants, autrement nous n'en
aurions pas eu. (Rires dans l'auditoire.)

« Des détachements de la Compagnie ont été cantonnés, pendant
« ces derniers jours, sous les ordres des Généraux commandant
« Montrouge, Bicêtre et Boulogne, et aux hommes composant
« ces détachements, l'administration militaire n'a fourni que des
« vivres sans solde. La Compagnie humanitaire s'est habillée,
« chauffée, éclairée et nourrie à ses frais. »

Peut-il encore y avoir des doutes ?

« Elle avait à sa disposition 16 voitures et 32 chevaux.
« Des écuries gratuites fixes pour tous ses chevaux réunis ;
« Tout l'entretien des voitures et la nourriture de ses chevaux
« aux frais des propriétaires eux-mêmes, qui les avaient consacrés
« exclusivement au service de notre ambulance.

« Elle a eu deux magnifiques locaux à sa disposition, donnés
« gratuitement par leurs propriétaires : un, situé dans la Cour des
« Coches; l'autre, au n° 13 du boulevard Haussmann.

« Elle faisait un service de garde journalier de 25 hommes, prêts,
« nuit et jour, à se rendre aux ordres de l'Intendance militaire.

« La Compagnie restera définitivement dissoute le jour où la
« paix sera signée, et chaque membre de la Compagnie aura un
« certificat des services rendus, dans lequel sera insérée l'attesta-
« tion des Généraux ci-dessus désignés.

« Selon le règlement (1) de la Compagnie, son compté-rendu
« détaillé et documenté, fera partie intégrale de celui de la Com-
« mission de Secours aux blessés, dont je m'occupe sans relâche.

« Paris, le 26 février 1871. »

Vous voyez que je m'occupe très-activement. Le secrétaire
vous remettra ces imprimés au sortir de la séance.

Que je vous apprenne maintenant que votre commandant
Italiani, comme représentant de la Compagnie humanitaire, a
reçu une médaille.

Cette médaille a été donnée par les brancardiers de la *Commission française de secours aux blessés* et non par la *Commission internationale*.

Je ne sais si vous vous rappelez que, étant dans la *Cour des
Coches*, un membre de cette Commission vint à moi et m'offrit
une médaille. Je lui fis observer que j'en avais une et que
c'était assez.

— Mais nous l'avons déjà fait graver et frapper.

— Dans ce cas, j'accepte, pourvu que vous m'autorisiez à en
faire agréer une également par celui qui représente véritablement la Compagnie.

C'est M. Joseph Italiani.

Je suis persuadé que tous vous partagez mon opinion ;
qu'Italiani a bien mérité de la Compagnie et du pays. (Oui !
Oui ! C'est vrai !)

(1) Voir le Règlement, page 50.

De pauvres brancardiers ne pouvaient pas faire des médailles pour tout le monde; quant à nous, nous tâcherons de faire la même chose, et nous leur enverrons la nôtre. (Très-bien ! Très-bien !)

J'ai une dernière faveur à vous demander, et c'est celle-ci : On continue à se promener par la ville, avec le drapeau italien, ayant en inscription : *Commission italienne de secours aux blessés*, et avec des cocardes. C'est certainement dans un but louable, avec l'intention du bien, que cela est fait, mais je ne vois pas ainsi les choses, quant à moi ; je vous serai donc obligé de ne point agir de même.

Du reste, je constate avec plaisir que, tous, vous avez cessé de revêtir votre uniforme et votre cocarde. Je garde, moi, ces insignes, et je les garderai jusqu'à ce que la paix soit signée, parce que je vous représente tous, et pour pouvoir dire, à l'occasion, aux Prussiens, comme je le dirais également, s'il y avait lieu, aux Français : *Respectez mes hommes*. Je n'oublierai pas mon devoir, je veux vous sauvegarder tous, et votre vie et votre honneur. Le jour de la paix, je remettrai ma cocarde dans l'archéologie de ma famille : cela servira pour mes petits neveux. (Rires.)

Je vous demande l'autorisation de faire insérer l'article suivant dans les journaux.

DÉCLARATION.

Le 17 *courant*, la Commission de secours aux blessés a fermé son ambulance, 24, rue Taitbout, ayant pourvu à la guérison complète de tous les blessés confiés à ses soins.

La Compagnie humanitaire italienne ayant suspendu son service actif pendant l'armistice, les soussignés, au nom de ces deux institutions, déclarent :

Que, depuis le 11 novembre 1870, plusieurs personnes italiennes ou étrangères à cette nation, se sont servies des couleurs nationales et du titre *Commission italienne de secours aux blessés*, pour agir indépendamment de toute solidarité morale et matérielle avec nos associations.

Le public et les autorités compétentes sont invités à prendre connaissance de cette déclaration, car la *Commission italienne de secours aux blessés et la Compagnie humanitaire italienne*, ne reconnaîtront aucun engagement ni aucun acte qui ne soient autorisés et signés par leur président et commandant, le comte Lorenzo Montemerli.

Du siége de la Commission et du commandement de la Compagnie, 24, rue Taitbout, ce 26 février 1871.

Pour la Commission italienne de secours aux blessés et la Compagnie humanitaire italienne.,

L. MONTEMERLI, — G. ITALIANI, — P. MASSERANO, — P. PIOLLINI, — A. DE CAMILLI.

Je crois qu'il est bon de faire cette déclaration, parce que si, demain, on disait : *La Commisssion italienne a fait ceci, cela*, nous pourrions répondre : Ce n'est pas de nous qu'il s'agit.

L'assemblée, à l'unanimité, vote l'insertion de cette déclaration dans les journaux.

M. le Président au général Wolf :

« Général, vous êtes témoin que cette proposition est adoptée à l'unanimité. »

A présent, il ne me reste que deux mots à ajouter, et je termine.

Nous devons de vifs et chaleureux remercîments au général Wolf. Sans lui notre Société aurait sombré. C'est à lui que nous devons, non pas la tranquillité, l'union absolue, ce n'était pas en son pouvoir, quoiqu'il l'eût désiré; mais nous devons au général Wolf d'avoir pu rester Société, et une Société à l'abri de tout soupçon.

Votre chef a été calomnié auprès de lui; il n'a pas cru les calomniateurs. Votre chef, on a voulu le discréditer à ses yeux; il a rejeté bien loin ces faux bruits. Votre chef a été mystifié, et il a reconnu les mystificateurs. Par conséquent, c'est à M. Wolf que la Compagnie humanitaire doit d'avoir achevé son œuvre ; c'est à lui que nous devons la déclaration honorable dont je vous ai donné lecture, et qui a été signée par les hommes les plus éminents de l'armée.

Nous dirons à l'Italie : « Tenez, nous avons un témoin pour « attester que nous avons bien mérité de la patrie. »

Général, permettez-moi de vous serrer la main.

(*De toute l'Assemblée*... Vive le général Wolf!)

Le général Wolf : Je ne puis confirmer personnellement les détails relatifs au service. Pour tout le reste, votre président a rendu fidèlement ma pensée. J'ai toujours eu de lui l'opinion qu'il vient de vous traduire. Je vous ai aidé autant qu'il m'a été possible ; j'espère encore vous soutenir juqu'au bout. (Bravo ! bravo !)

Je reconnais les services que vous avez rendus, et je me plairai toujours à les proclamer en toutes circonstances.

M. le Président : Si quelqu'un a des réclamations à faire sur l'administration financière de la Compagnie, je vous préviens que ce n'est pas de ma compétence ; mais vous pouvez vous adresser à votre commission financière, elle vous fera toujours bon accueil.

La Commission italienne de secours a des dettes ; elle ne les a pas encore soldées, parce que l'argent est retenu par des débiteurs. La justice est saisie, et elle ne saurait tarder à nous faire remettre ce que l'on détient si injustement contre tout droit, depuis trop longtemps, disons-le.

Aujourd'hui, je peux le faire connaître puisque nous avons achevé notre mission, que ceux qui ont souscrit pour continuer à former une *Compagnie humanitaire* sachent qu'on va probablement établir à Paris une ambulance internationale ; si elle se constitue, la Compagnie italienne lui donnera son aide.

Maintenant s'il n'y a personne qui réclame la parole, je n'ai plus qu'à vous remercier de la bonté que vous avez eue de venir, de la sanction et des cordiales et sympathiques approbations que vous avez données à mon exposé.

Je vais donc lever la séance, mais pas sans l'avoir manifesté, l'avoir déclaré bien haut au nom de tous :

« Général Wolf, nous sommes ici, tous tant que nous sommes, tout à vous, de cœur et d'intention, gardant le souvenir et la reconnaissance de votre excellent patronage, de votre constante direction, et PRÊTS, si la guerre reprend, brancardiers plus que jamais dévoués, à aller recueillir les blessés : emportez-en l'assurance ! (Assentiment général.)»

G. DUPLOYÉ,
Sténographe de la *Commission italienne*
de secours aux blessés.

MADAME LA COMTESSE

MARIE MONTEMERLI.

Alors que se réunissaient, en leur dernière assemblée générale, *la Commission italienne de secours aux blessés et la Compagnie humanitaire italienne*, pour laisser témoignage de son œuvre, elle ne se doutait pas que l'Ange qui avait présidé et dirigé son ambulance, soigné, reconforté, soulagé et guéri les malades et les blessés qu'on lui avait confiés, ne tarderait pas à lui être enlevée. Ah ! il est de ces douleurs, quoique tous les jours se renouvelant, auxquelles on ne veut pas croire pour soi, pour ceux qui vous sont chers, pour ceux qui comptent leurs jours par le bien qu'ils font, qu'ils produisent, qu'ils répandent, qu'ils prodiguent auprès d'eux, autour d'eux... Ces natures d'élite, exceptionnelles, on les voudrait, on les considère comme ne pouvant être atteintes par la mort. Mais hélas ! !

Aussi qu'il fut déchirant pour tous les membres de la *Commission et de la Compagnie humanitaire italienne*, d'apprendre le 25 mars, que Mme la comtesse Marie Montemerli avait vécu. Son éloge fut sur toutes les bouches; chacun mettait en relief les beaux côtés de cette belle existence : ce qui redoublait les regrets de cette perte irréparable.

Les journaux, également, tinrent à honneur de consacrer quelques lignes à Mme la comtesse Montemerli.

Nous citerons l'article du journal LA VÉRITÉ (numéro du 29 mars).

LA COMTESSE MARIE MONTEMERLI.

« Encore une perte douloureuse à inscrire sur le martyrologe de la défense de Paris ! Toutes les classes de la société, toutes les opinions, toutes les professions, ont payé un tribut à la mort dans ce siége héroïque, où nous n'avons sauvé que l'honneur de notre vieille capitale ; cette fois, la victime est une femme du monde, une noble étrangère, qui a reconnu l'hospitalité de Paris aux jours de sa splendeur, en lui apportant le sacrifice de sa vie aux jours d'épreuves et de tristesse.

« Mme la comtesse Marie Montemerli appartenait à une grande famille du Portugal. Belle, noble, distinguée, elle s'était fait connaître par des publications où la grâce et la sensibilité exquise de la femme s'associent avec des qualités toutes viriles, une élévation et une profondeur de pensées et de sentiments qu'envieraient les écrivains les plus en renom. Mais, nous n'avons pas à tracer une notice sur les œuvres de Mme la comtesse Montemerli; les amateurs connaissent et apprécient ses romans, les *Sensations d'une morte*, et *Entre deux femmes*, ainsi que les autres productions dues à sa plume. Pour nous, ses titres littéraires, quels qu'en soient l'éclat et la valeur, s'éclipsent devant les derniers actes de son existence.

« Au moment de la déclaration de guerre, Mme Montemerli revenait d'Égypte, où elle avait assisté à l'inauguration du canal maritime de Suez. Elle s'occupait à mettre en ordre et à rédiger ses impressions de voyage, lorsqu'une lettre du comte Montemerli, son mari, l'appela à Paris pour prendre part à la fondation d'une ambulance italienne, rue Taitbout, 24.

« L'héroïque femme n'hésita pas un instant. Elle vint s'enfermer avec nous, emmenant ses deux jeunes filles, sans reculer devant les périls trop réels qui menaçaient la population inoffensive, et les privations de tout genre qu'il était facile de prévoir, mais qui ont dépassé malheureusement les prévisions les plus fâcheuses.

« Paris entier connaît les services qu'a rendus l'ambulance italienne, fondée par M. le comte Montemerli, et dirigée par son intrépide compagne. Combien de braves soldats, de mobiles, de gardes nationaux, recueillis, soignés, guéris dans cet établissement de charité et d'humanité, vont rendre témoignage dans toute la France du zèle, du dévouement, des soins affectueux qui leur ont été prodigués! Nos éloges n'ajouteraient rien à la parole de ces braves jeunes gens arrachés à la mort, et dont la reconnaissance, aussi longue que la vie, se transmettra de génération en génération pour attester la fraternité de la France et de l'Italie. Nous savons d'ailleurs que les éloges, même les mieux mérités, ont quelque chose qui offense ces âmes d'élite, dont les joies les plus pures se renferment dans la satisfaction du devoir accompli.

« Le dernier travail de Mme la comtesse de Montemerli, son chant du cygne, a été une lecture publique, faite à l'Athénée, le 5 janvier 1871. Elle appelait ses auditeurs à prendre leur part de sa tâche en achetant sa dernière brochure : *la Femme et les blessés*, vendue au profit des blessés français. Nous avons sous les yeux cet appel plein de cœur, où Mme Montemerli retrace les devoirs de la femme, aux époques troublées de la vie des nations, et montre que son rôle est digne des plus grands esprits, des âmes les plus tendres (1).

« Elle n'a pas résisté aux fatigues et aux douleurs morales; le triste dénoûment du siége de Paris lui a porté le dernier coup. Il ne reste aujourd'hui de cette nature d'élite, qu'un pieux souvenir chez tous ceux qui l'ont connue, et des regrets éternels pour sa famille, regrets qu'adouciront les témoignages unanimes du respect et de la sympathie de ceux qui l'ont connue. »

Le 30 mars, fut célébrée, en l'église Saint-Louis-d'Antin, la cérémonie religieuse funèbre en l'honneur de madame Monte-

(1) Voir cette brochure à la page 36.

merli, dont les dépouilles mortelles doivent être transportées en Italie.

L'assistance était bien nombreuse, on le conçoit, et fort recueillie, fort sympathique à la douleur si navrante, si déchirante du comte Montemerli.

Nous avons remarqué MM. le comte de Flavigny, le comte Serrurier, Hubert, ancien conseiller de préfecture, comte Beaufort et tous les membres des deux Sociétés et beaucoup de dames et messieurs.

Il nous a semblé que, publiant le compte-rendu de notre séance générale du 26 février, la sanction de l'œuvre de notre double Commission (*Commission italienne de secours aux blessés et Compagnie humanitaire italienne*), nous devions à notre digne et estimable président et commandant, le comte Montemerli, et à sa famille, nous nous devions à nous-mêmes, nous devions à nos deux commissions, nous devions aux amis de notre Association humanitaire, d'accompagner et d'achever ces pages par le récit des derniers hommages et des derniers devoirs rendus à notre *sainte morte*, *madame la comtesse* MONTEMERLI, née Soares d'Albergaria Pereira.

G. ITALIANI. — P. MASSERANO. — P. PIOLLINI.
A. DE CAMILLI.

Membres de la Commission italienne de secours aux blessés et de la Compagnie humanitaire italienne.

Paris, le samedi 15 avril 1871.

APPENDICE

— · —

Le compte-rendu qui précède serait incomplet s'il n'était accompagné des pièces suivantes : elles éclaireront et elles achèveront le récit qui précède.

1°

Adresse à Rome, proposée par la Compagnie humanitaire italienne, et acceptée par la Colonie italienne de Paris, dans une conférence donnée à la salle Herz, le 27 octobre.

27 octobre 1870.

De cette ville, hier la plus gaie du monde, aujourd'hui plongée dans la douleur et dans les larmes, de cette ville entourée par le feu ennemi, la Colonie italienne, qui partage avec amour et orgueil les dangers et les luttes des Parisiens, envoie avec la pensée (élément divin qu'aucune force ne peut enchaîner), un salut d'amour à Rome, mère des grandeurs Italiennes, à Rome, gage de ses libertés futures.

VIVE L'ITALIE UNE ET LIBRE !

(*Suivent les signatures.*)

2°

Les membres de la commission et de la Compagnie humanitaire italienne avaient offert un dîner plutôt de cœur que de mets (n'oublions pas que nous étions rationnés. Hélas ! que trop rationnés ! ! !), au comte Montemerli, en raison des fêtes de Noël. Le 31 décembre, le comte Montemerli réunissait à son tour, en un souper de siége, les collaborateurs et les compagnons de son œuvre d'humanité et de charité. Cette fête fut chaude par les sentiments qui s'y manifestèrent. Des toasts bien doux et fortifiants y furent portés par le docteur Gruby,

le colonel Martinaud, un des blessés de l'ambulance, un généreux anglais, M. Rowles ; par le docteur Moreau-Wolf, Reignard, Huard, Hubert, etc. Des vers charmants furent lus par
M. Cassellari, leur auteur. Le comte Montemerli fut l'âme et
l'inspirateur de tous ces bons sentiments. Mme la comtesse
Montemerli et ses deux charmantes et gracieuses filles furent
l'ornement le plus délicat et le plus estimable de la fête intime
de la colonie italienne. Voici quelques-unes des pièces qui
furent lues à la réunion et acclamées par elle.

1re

Paris, 31 décembre 1870.

Messieurs, si la Compagnie humanitaire Italienne s'est groupée
ce soir autour de vous, ce n'est pas dans le but de passer gaiement
l'heure qui, insouciante et solennelle, va bientôt vibrer, ensevelis-
sant 1870 et acclamant 1871.

Oh ! non, Messieurs, cette réunion est une réunion pleine de
douleur et de regrets ! regrets causés par l'année fatale qui descend
dans la nuit du passé, couverte de sang et de larmes !

Mais, tout en gémissant avec vous, nous avons au cœur l'espérance ! Nous vous disons : « Allons, que craignez-vous ? Paris ne
s'est-il pas acquis le droit de crier à tous ceux qui de loin le regar-
dent : *Notre honneur est sauf !* »

Un peuple que la force terrasse, lorsqu'il s'appuie comme le fait
la France sur ce piédestal que jamais rien ne renverse : *l'honneur*,
répare vite ses désastres ! Ayez confiance en l'avenir, croyez-en la
justice de votre cause ; soyez calmes ! Les grandes nations se re-
trempent dans le creuset divin du malheur !

MONTEMERLI.

2^{e}

Paris, 31 décembre 1870.

*A Monsieur le comte Lorenzo Montemerli, commandant la Compagnie
humanitaire italienne à Paris.*

Les Soussignés délégués de la Compagnie ont l'honneur d'offrir à leur Commandant bien aimé et estimé, non comme cadeau, mais comme un gage d'estime et d'affection, le cheval qui, jusqu'à présent, lui a si bien servi sur le champ de bataille.

La Compagnie profite de cette occasion pour exprimer à son Commandant ses sentiments de respect et de dévouement.

Les délégués :

A. MARANDE, AL. FERRARIO, PIOLLINI, P. MASSERANO.

A MM. Masserano, Maraude, Ferrario et Piollini, délégués de la Compagnie humanitaire italienne.

Messieurs, j'ai reçu votre lettre du 31 décembre, et l'offre du cheval que vous me faites, au nom de la Compagnie humanitaire, a rempli mon cœur de gratitude et de joie. Ce vaillant et bon animal, en son instinct, me comprenait depuis le premier jour qu'il me servait pour vous accompagner sur le champ de bataille. Il m'aime et m'obéit, et semble non-seulement comprendre, mais prévenir même ma volonté, quand il s'agit de nous exposer tous les deux aux dangers, pour remplir notre œuvre humanitaire à travers les champs, à la recherche des blessés.

Merci, mes chers amis, de l'agréable surprise que vous m'avez faite ; et vous aussi vous m'avez compris depuis le commencement, qui, me choisissant comme chef, vous êtes imposé la tolérance de mes défauts de caractère mêmes, pour trouver cette obéissance passive qui vous rend sublimes dans l'accomplissement de vos devoirs.

Je vous serre la main à vous pour toute la compagnie, avec bien des sentiments de reconnaissance.

MONTEMERLI.

3*

Paris, le 31 décembre 1870.

Mon cher Comte, c'est à vous, comme Président de la Société Italienne, que je viens remettre aujourd'hui ce Drapeau, gage de l'affectueuse sympathie et de la reconnaissance patriotique de vos amis auxiliaires Français ; il est destiné à cette vaillante escouade

3

de brancardiers qui, sous le titre de Compagnie humanitaire Italienne, a déjà rendu de si éminents services à nos pauvres concitoyens.

Les Parisiens, témoins de vos nobles actions à tous, conserveront dans les annales de leur ville, et surtout au fond de leur cœur, le souvenir de votre courageuse conduite.

Merci à eux, et aussi à vous, cher président, dont la généreuse initiative a fondé cette œuvre fraternelle à laquelle se sont associées si courageusement votre femme et vos filles, trois anges de dévouement.

Souhaitons tous ardemment que cette année qui commence voie bientôt se terminer la lutte cruelle qui déchire notre pays, et que ce drapeau, emblème de fraternité humaine, reste dans cette Compagnie comme un souvenir des jours néfastes dont votre courageuse assistance a adouci les angoisses.

Espérons, mon cher Comte, que le siége de Paris cimentera d'une manière indissoluble l'union fraternelle de la France et de l'Italie, commencée en Crimée, et recevez l'assurance des sentiments affectueux de votre frère et ami.

Adolphe REIGNARD.

Paris.

Monsieur Adolphe REIGNARD,

La Compagnie humanitaire italienne à laquelle, le jour de l'an de 1871, vous avez fait cadeau d'un magnifique drapeau de la Convention de Genève, qui doit rester uni avec celui de notre nation, vous a voté aujourd'hui dans la réunion générale les remerciments les plus sentis, non-seulement pour ce symbole de lien fraternel entre nous, mais comme attestation de la reconnaissance pour tout ce que vous avez fait de bien en accordant et en unissant votre patronage et votre nom à ses œuvres.

Nous sommes chargés de vous assurer des sentiments de reconnaissance de nos sociétés.

Pour la Compagnie humanitaire,

MONTEMERLI.

4me

Adresse des Italiens de la Compagnie humanitaire à la France.

Siége de Paris, 1er janvier 1871.

Les Italiens de la *Compagnie humanitaire* viennent, à l'occasion de la nouvelle année, offrir à Paris et à la France, leurs vœux les plus ardents! Que ces vœux puissent, en se réalisant, rendre le bonheur et la paix à cette grande Nation française, qui, enivrée de succès et comblée par la fortune, ne savait plus croire au malheur.

Qui n'est pas prêt pour les revers, a la double tâche d'habituer son âme à l'épreuve, tout en s'armant pour combattre.

Français, vous avez noblement combattu; vos enfants sont accourus s'enfermer dans ce Paris du plaisir et de l'élégance, pour en faire leur tombeau ou leur auréole! Paris debout et silencieux apparaît derrière ses crénaux comme un immense fantôme! Aujourd'hui la neige le couvre, et plus il pâlit, plus l'Europe effrayée en tremblant le regarde! Plus la conscience de l'humanité sent le besoin de jeter aux envahisseurs le cri suprême : « Assez! assez! »

Français! l'Italie opprimée durant des siècles, l'Italie surnommée la terre des morts, s'est relevée de son sépulcre! Ayez foi, Vous, blessés d'hier! Vous, vaincus, avant de combattre! vos tourments seront de courte durée? Tout tombe et se redresse vite dans un siècle où tous les peuples de la terre se sentent poussés par un désir irrésistible de se serrer la main en se reconnaissant pour frères.

Que ces vœux, qui, nous en sommes certains, sont ceux de l'Italie entière, puissent vous porter bonheur! Et à vous, Parisiens, laissez-nous vous dire notre satisfaction d'avoir pu vous offrir, quoique d'une manière bien insuffisante, notre faible tribut de dévouement et de sympathie!

Courage! Courage! et que le Ciel bénisse vos efforts!...

Nous vous envoyons du fond du cœur, le salut traditionnel d'amour et de paix, échangé aujourd'hui par tous ceux qui s'aiment. .

(Suivent les signatures.)

3°

Soirée du 5 janvier.

LECTURE AU PROFIT DES BLESSÉS.

La femme et les blessés, par Mme la comtesse de Montemerli.

Siége de Paris.

5 janvier 1871.

La femme doit bénir sa destinée, car sa mission sur la terre lui donne des devoirs et des soins dont l'accomplissement, quelque difficile qu'il soit, lui est une source intarissable de consolation et de jouissances! Sa vie d'enfant commence par une foule de petits sacrifices et de légers travaux payés par les louanges et les caresses de sa mère! Adolescente, elle est le rayon de soleil qui éclaire le front blanchi de ses vieux parents, auprès du lit de mort desquels on la verra agenouillée! Jeune mère, elle récolte pour prix de ses innombrables fatigues, de ses inquiétudes, de ses longues nuits d'insomnie passées à bercer son enfant, tous les baisers, tous les sourires du petit ange! Puis vient l'époque, longtemps prévue et toujours redoutée, où le faisceau de la famille doit se briser, où les êtres chéris dont elle a été l'ange gardien, qui ont grandi à son ombre, appuyés sur son cœur, soutenus par sa tendresse, doivent la quitter! Elle puise le courage qui lui est nécessaire, et elle trouve la consolation à cette immense douleur dans la pensée qu'elle a su contribuer à faire de ses fils des hommes utiles à leur pays, et, de ses filles, des femmes destinées à répandre la joie et le bonheur, qu'elles donnaient à la maison paternelle, dans le foyer d'un autre!

Et après avoir traversé tous les sentiers de la vie, lorsque, bien loin dans le passé, elle a vu s'abaisser et sombrer toutes ses illusions, tous ses désirs, toutes ses craintes, toutes ses espérances; lorsque, les yeux élevés vers le ciel, elle ne demande plus rien à la terre qu'un cercueil pour y reposer; sa tâche ici-bas n'est pas finie. Elle doit veiller encore sur les enfants, protéger la jeunesse, déverser autour d'elle les trésors de son expérience, et étendre ses soins à tous ceux qui souffrent! La vie de la femme, de sa naissance à sa mort, n'est qu'une offrande de dévouement et de sacrifice!

Voici pourquoi durant l'année qui vient de fermer ses portes sanglantes sur les ossements de milliers de héros, vous avez vu les femmes accourir en foule pour se dévouer aux victimes de la guerre! Et cet élan a été un élan général, car on peut voir auprès du lit des blessés des femmes de toutes les classes et de tous les âges ; des têtes blanches et de blondes têtes d'enfant!

O France! tombée de l'apogée de la fortune et de la puissance dans des revers qui n'ont pas d'exemple dans l'histoire! combien de spectacles sublimes se sont déroulés sous tes yeux! Tu as vu tes enfants accourir en foule pour faire un rempart de leur corps entre toi et tes ennemis! Tu les as vus, bien qu'écrasés et palpitants, se relever sous les pieds de tes oppresseurs, qui avaient cru les avoir renversés, et ils ont combattu encore! Et Paris, qui dictait des lois à l'Univers, Paris, menacé, assiégé, n'a eu qu'à crier : *Au secours!* et de tous les points de la France, des villes, des villages, des hameaux, des vallées, des montagnes, sont venus par centaines et par milliers, des enfants conduits par des hommes! Ils se sont enfermés dans ses murs, et, en quelques semaines, ils sont devenus des soldats et sont allés combattre pour le salut de la patrie!

La population tout entière de cette ville des richesses et des jouissances, s'est résignée aux plus dures privations, aux plus durs sacrifices! Le froid s'est uni à la faim. Mais, au milieu de tant d'épreuves, le patriotisme, au lieu de faiblir, a grandi; et chacun a fait preuve d'une abnégation sublime et d'une sagesse qui sera pour jamais ta gloire, ô France!

Et les femmes, dont l'élégance faisait craindre la frivolité, elles se sont montrées à la hauteur des hommes! Elles ont soutenu leur courage, partagé leurs privations, accepté tous les sacrifices, affronté tous les dangers, et par milliers elles se sont offertes pour aller soigner les blessés!

C'est là où nous allons les suivre, c'est près de ces pauvres enfants tombés que nous allons les voir déverser les trésors de la charité! Ah! que de bien elles ont pu faire! qu'elles soient bénies des hommes et de Dieu! Quelle tâche! que d'émotions! que d'inquiétudes! que de larmes dévorées en silence! en voyant ces pauvres enfants, la fleur de la jeunesse française, l'espoir de la patrie! la consolation de leur vieille mère; souffrir, languir et s'éteindre loin du village qui les a vu naître; loin des amis, de la famille, seuls, entourés de visages qui leur sont étrangers! C'est alors que la femme a pour eux de ces mots qui rouvrent leurs yeux éteints et amènent sur leurs lèvres livides un dernier sourire! « Votre mère vous bénit! elle ira bientôt vous rejoindre, leur dit-elle, car on est uni dans la mort comme on l'a été dans la vie; l'âme de la mère tient à l'âme de l'enfant! »

Mais détournons les yeux de cette triste scène. Voyons les femmes prodiguant leurs soins au plus grand nombre, à ceux qui se guérissent! c'est là où le tact féminin se révèle. Tous ces blessés qui ont été reçus dans les ambulances, comme des amis; qu'elles sont allées attendre, auxquels elles ont offert tous les soins, pour lesquels elles ont tout prévu! Il faut leur donner, non-seulement la guérison, mais la tranquillité morale. Elles commencent, à force de soins affectueux, par leur inspirer la confiance! Leur présence, pendant la visite des médecins, diminue de moitié la crainte mortelle que tout blessé, sous la menace d'une opération, éprouve toujours à cette heure redoutée! En présence de la femme, l'homme veut se montrer fort contre la douleur, il sera même capable de supporter des tortures sans se plaindre, si elle lui prend la main en lui criant : « Courage! » Aussi lui prodigue-t-elle des encouragements sans fin! Elle, si faible, si impressionnable, qui fermait les yeux pour ne pas voir une plaie, vous la voyez debout, près des opérateurs. Elle tremble, c'est vrai, mais son dévouement la soutient! De rapides larmes tombent de ses yeux, elle ne fait pas un geste pour les essuyer! Elle craindrait qu'on ait cru qu'elle pleure!

Et que de soins si petits, et pourtant si complets, les femmes savent prodiguer à ceux qui souffrent. Elles leur parlent du pays, de la famille, de la maison paternelle, située là-bas dans un vallon, en Bretagne ou bien en Provence. Elles connaissent la famille de celui qui souffre : Jeanne, la sœur aînée, et Marie la cadette, c'est celle qui s'occupe du ménage; et Marguerite la toute petite sœur, qui rentrait les agneaux dans la bergerie, quand son grand père le soldat est parti!

Elles parlent à chacun de son état, de ses occupations, de ce qui lui plaît, de ce qu'il aime! Et si parmi ces hommes qui leur sont confiés, il en est quelques-uns qui prient et qui osent le dire, elles s'associent à leurs prières! Et le jour où guéris, ils franchissent, pour sans doute n'y plus revenir jamais, le seuil de la maison qui a été leur refuge, elles leur disent tout bas : Vous devez votre rétablissement aux soins incomparables de nos médecins et peut-être aussi à vos prières ! Puis des adieux s'échangent entre les blessés et ces femmes, qui ont été pour eux un peu sœurs, un peu mères. Les mains se pressent, les yeux se mouillent, quelques paroles, que l'émotion arrête, sont devinées, et ces nobles enfants de la France vont de nouveau s'offrir en holocauste sur l'autel de la Patrie!

En les voyant disparaître, après les avoir suivis des yeux, comme ceux que l'on craint de regarder pour la dernière fois, les femmes rentrent tristement; mais bientôt, elles retrouvent le calme pour se dévouer à de nouvelles victimes, pour entreprendre de nouvelles fatigues.

O France! quelle que soit l'étendue de tes malheurs, ne te laisse jamais abattre! Un peuple ne faiblit jamais quand il sait opposer aux souffrances le dévouement, aux épreuves l'abnégation et au vrai danger l'héroïsme !!

Vive la France !!!

COMTESSE MARIE MOMTEMERLI.

Bien des larmes, bien des applaudissements chalereux accompagnèrent, interrompirent et couronnèrent la lecture de Mme la comtesse Marie Montemerli. Nous n'avons pas à le dire.

(*La Commission de publication*).

4°

Commission Italienne de Secours aux blessés,
fondée le 29 août 1870, par M. le Comte MONTEMERLI (Lorenzo).

---

*Ambulance sous la direction de Mme la Comtesse Marie MONTEMERLI,
rue Taitbout, 24, Paris.*

Membres de la Commission Italienne :

** ARRONSOHN.
** BOTTESINI (Giovanni).
** BOWLES (Thomas).
** DE CAMILLI (Agostino).
** DELLE SEDIE (E.), *vice-président.*
* GARCIA (Léopoldo).
** GUASTALLA (E.), *vice-président.*
* HUBERT (Eugène).
* ITALIANI (Giuseppe).
* HUARD (Adrien).
* MARCHI (Salvatore).
** MARTIN (Antide).
* MASSERANO (Pietro).

** MONTEMERLI (Lorenzo), *président.*
** LANDI (Tommaso).
** PALERMI (Ernesto).
** REIGNARD (Adolphe).
** RIZZO (Giacomo).
** ROGER (G.).
** ROTA (Giovanni).
* SERVY (Jacques-Léon-Al.).
** SIVORI (Giuseppe).
** STEVENS (Frederico).
* VERNASSA (Giuseppe).
* VOLPINI (A.).
* WAGNER (Serafino).

Service médical de l'Ambulance :

MM. GRUBY et VIO-BONATO, docteurs-médecins ; — COBLENZ, médecin auxiliaire ; CRESCENT-PETIT, pharmacien ; — PAGLIARI, pharmacien auxiliaire.

* Membres auxiliaires et formant Conseil.
** Membres qui se sont unis au comte Montemerli pour former la Commission, dès le commencement.

5°

COMPTE-RENDU DES DONS REÇUS EN ARGENT ET EN NATURE PAR LE COMTE MONTEMERLI, POUR LA COMMISSION DE SECOURS ITALIENNE, A PARTIR DU 20 AOUT 1870 AU MOIS DE FÉVRIER 1871.

Dons en Argent.

NOMS DES DONATEURS.

Messieurs :					
			Report.....	2.520	»
			DELLE SEDIE..............	50	»
BUSCA ....,............,....	5	»	GRANARA	200	»
VISCONTI (Vicomtesse)...	50	»	MATTEI...............	20	»
CAMONDO (Comte Abramo)	500	»	BILLIZER	20	»
CAMONDO (Comte Nissim)	500	»	BECUCCI, sculpteur........	10	»
RIZZO (Giacomo)..........	1.000	»	BIANCHI EGISTO...,.......	10	»
MALMAZET...............	1	»	FESTA (E.)	50	»
MARINO..............	10	»	MONBELLI (Mme)........ ...	20	»
VERGER....................	5	»	GARCIA (Mme).............	20	»
CACCIA...................	5	»	MARMONTEL..............	50	»
SILLA DE SPARTA (Mme)..	30	»	GONDOLO................	10	»
LORENTZ DE LAVALLÉE ...	10	»	FERRARI (B-T.)	20	»
MORLOK	20	»	FURINI (David)...........	20	»
BALLENA	5	»	VOLPINI.................	50	»
COURCIER...	5	»	ROCATTI (Giovanni)	2	»
EUGEL........	20	»	TOMMASINI..................	100	»
GUILLOLEAN BOURON......	20	»	CARMINE	10	»
CURTI....................,....	20	»	BRANCHE LUIGI...........	1	»
RISSO	10	»	ABIZZOLI (Pierre).........	5	»
ALA PONZONI..............	100	»	FRANCESCONI..	1	»
BOUCLIER...	5	»	BELLEYME (Mme de)..... ...	20	»
MENINI...................	5	»	PINCHERLE.................	10	»
BROCHEREL	1	»	ALLEGRI	20	»
FELLER (Mlle Marie).......	5	»	SPASIANO ......,.........	5	»
VIOTTI(L.), hôtel du Brésil	10	»	MACÉ.....................	15	»
GUASTALLA (H.)...........	20	»	MONTEMERLI (Csse de)....	2.000	»
FONTANA (L.)...............	10	»	GAGLIERA (Duchesse de).	100	»
ADICE. ,.,..............	20	»	DORIA (Mme)...............	5	»
GIACHI (Mlle).,..............	5	»	SIGHICELLI.................	10	»
PALIZZI (Paolo-Franc)....	10	»	HUNI (Mme Emilia)........	10	»
BOTTESINI ,. .,............. .	10	»	BERTON (I)............	10	»
BORDONI .,...............,	100	»	PONZO DE VAGLIA..........	10	»
DECOUCHY (Mlle)...........	3	»	TRIULZI (Mme)...............	2	»
A reporter.....	2.520	»	*A reporter*.....	5.406	»

Report.....	5,406	»		Report.....	5,816	50
MARCHI (Salvatore)......	20	»	MAGAGNA..	20	»
SIRACUSA (Joseph)........	5	»	WAGNER (Serafino)........	5	»
BOLLA, médecin.....	50	»	LABAUDT...................	5	»
FANO.....................	25	»	MALVEZZI (Comte de)....	10	»
ROSSERO..................	10	»	ROTHSCHILD (Baron de)...	100	»
ROLANDO (Joseph)........	10	»	CERUTTI, consul d'Italie.	10	»
VOLLA....................	5	»	NESTRI...................	10	»
ROCATTI (Giovanni)......	2	»	ROTHSCHILD (baron de)..	25	»
CALVEZ (Mme)...........	1	50	ROTHSCHILD.	100	»
CERUTTI, consul d'Italie.	50	»	CORDIER (Gustave).......	200	»
BONIS (Emile).....	5	»	MASSERANO (Pietro)......	550	»
RIZZOLI..................	5	»	FLAVIGNY (Ce de), prési-		
MASSERANO (Pietro)..... .	200	»	dent de la Société de		
CERVETTI..	5	»	secours français.......	800	»
JARIA (Mme).....	10	»	LANZIROTTI (Baron)......	50	»
BARTHÉLEMY........	5	»	MORDAN (Sampson).......	100	»
MAGNANI (L.).....	2	»	COTTINI (G.-A.)............	100	»
A reporter... .	5,816	50	TOTAL. ...	7.901	50

Dons en Nature.

NOMS DES DONATEURS.

Messieurs :

MICCIO, 40 bouteilles de Marsala.

GRANARA, 24 draps de lits, 16 taies d'oreille, 276 serviettes, vieilles toiles pour bandes.

VIO BONATO, 36 bandes, 5 paquets de compresses, 2 paires de draps, 750 grammes de charpie, 2 draps de toile, 4 serviettes, 6 bandes, 6 paquets de compresses assorties, 1 paquet de compresses assorties, 1 paquet de charpie, 1 paquet de charpie mèches, 12 bandes assorties.

VISCONTI (Vicomtesse), 4 draps de lit, 1 boîte de charpie, 6 kilogrammes de farines de lin, 4 flacons de fleur d'orangers, 1 paquet de compresses, 6 taies d'oreiller, 1 paquet de charpie.

OSIO, 3 chemises usées.

LEROUX, 50 éponges assorties.

RIVIÈRE, 20 rouleaux de bandes, 1 paquet de compresses.

BERNIERI (Chevalier), 1 paquet de compresses, 3 bandes, 1 paquet de mèches.

RIZZO, 12 carafes montées, 25 gobelets, 6 salières, 1 huilier.

PEROLINI, 13 bouteilles de Bordeaux, 2 pièces de ouate, 5 serviettes usées.

REIGNARD (Mme), 1 paquet de thé, 24 compresses, 1 paquet de charpie.

BORGNA, 5 chemises usées, 1 pièce de toile.

BIANCHI (Egisto), 3 lampes Carcel avec suspensions, et 1 bidon pour huile.

TOSETTI, 6 draps de lit neufs en coton.

RIZZELLI, 5 chemises de coton usées.

VÉRONIQUE (Mmo), 1 paquet de linge pour charpie.

BARBETTI (Mlle), une lampe avec un globe de cristal, un paquet de charpie.

Lué (J.-A.), 3 litres de cognac, 2 chemises, bandes et charpie.

Camilli (de), 10 kilos de riz, 1 kilo de chocolat, 1 kilo de pâte d'Italie, 1 kilo de vermicelle, 1 kilo de semoule.

Florio (Ignacio), de Palerme, 6 fûts de vin de Marsala.

Loiseau (Maria), baronne d'Entraigues, 6 gilets de flanelle, 12 mouchoirs, 12 taies d'oreiller, 18 serviettes.

Triulzi (Mme), compresses et charpie.

Labaudt (Mlle), 1 paquet de charpie.

Sighicelli (Mme), compresses, charpie, bandes, 1 drap de toile, 1 morceau de flanelle, 12 serviettes, 16 coussinets, 2 camisoles de molleton, 10 essuie-mains.

Korvaïa (Mme), charpie et bandes.

Darceaux (Mme), compresses, charpie et bandes.

Tête, 2 draps usés et charpie.

Sincholle (Mme), charpie.

Simonot (Mme), compresse et charpie

Ferrario, charpie.

Bonis (de), linge et compresse.

Meghini, paquet de charpie et bandes.

Goix, un paquet de charpie.

Malvezzi (Comte), 20 bouteilles de Bordeaux.

Biondini, charpie.

Dubedout, vieux linge.

Nogaro, compresses, charpie, mèches.

I. Kauff (Mme), compresses et charpie.

Marchi (Salvatore), charpie, bandes et compresses.

Rachowitz, 12 bouteilles de Saint-Julien.

Italiani, compresses, vieilles serviettes, 74 bouteilles de vin ordinaire, 12 bouteilles de Saint-Émilion, 12 bouteilles de Saint-Georges.

Coblenz, 5 kilos chlorure de chaux, 1 bouteille acide phénique, 4 volumes d'Erckmann-Chatrian, 1 boîte de sardines.

P*** (Mme), 1 livre de beurre.

Vernassa (Mme), charpie.

Christoforoni, charpie.

Magagna, 6 chemises de toile, 5 taies d'oreiller.

Souillard (Mlle), 13 coussins de papier roulé.

Buridon (Mme), charpie.

Cerutti, (Consul d'Italie), 2 bouteilles de vin blanc, 4 bouteilles de vin rouge, 1 paquet de cigares.

Sodemond (Mlle), charpie.

Gareri (Charles), charpie, compresses.

Piolini, 1 paquet de charpie.

Paysant, compresses et charpie.

Martin (Mme), charpie.

Armélini (Mlle), charpie.

Consul de Grèce, 2 lits complets.

Duval, 200 serviettes usées.

Caron, 6 litres de lait par jour.

LISTE DES DONATEURS AU PROFIT DE LA COMPAGNIE
HUMANITAIRE ITALIENNE.

Dons en argent.

NOMS DES DONATEURS.

Messieurs :

Italiani (Giuseppe) . .	102	50
Marchi (Salvatore). . .	110	»
Masserano (Pietro). . .	25	»
Casalegno (Giuseppe).	52	90
Waschington (Abate) .	13	95
Bosisio (Carlo)	15	»
Wagner (Serafino). . .	30	»
Marchi (Alessio).. . . .	10	»
Mlle Coton (Luise) . .	5	»

Messieurs :

Lué (Antonio-Feliciano)	103	»
Fuzzi (Antonio).	30	»
Perolini (Stefano). . .	5	»
Cowlaud (Georges) . .	30	»
Ferbert.	10	»
Decori (Angelo)	10	»
Martelli.	5	»
Rinaldi (Carlo).	15	»
Vernassa (Giuseppe). .	60	»
Zammaretti (Saverio).	275	»
Bertone (Francesco). .	5	»
Fremour (comte de) . .	50	»
Barbitta (Pietro). . . .	100	»

Jossi (Giovanni). . . .	50	»
Fradelizio (Domenico).	50	»
Albertella.	100	»
Batard.	10	»
Vannier (A.).	5	»
Jullien.	5	»
Dutitre.	5	»
Bronon.	5	»
Montucci.	1	»
Astrua.	2	50
Billiart.	1	»
Rosignolle.	5	»
Tori.	10	»
Barbieri.	20	»
Pifero	10	»
Pugnetti.	10	»
Lauvergne	5	»
Bosana.	7	»
Porta.	5	»
Bailly.	10	»
Crisforoni	250	»
Erba (Lorenzo).	225	»
Nugar.	1	»
Ferrario.	20	»
Piolini (G.-A.).	25	»
Montemerli (le comte).	1,611	»

Dons en travaux, fournitures, etc.

NOMS DES DONATEURS.

Piolini (G.-A.), pour travaux	40	»
Raugier, pour travaux. .	22	»
Zammaretti Zaverio , fournitures de poêles et fourneaux.	50	»
Pianarosa (Lorenzo), fournitures de poêles et fourneaux.	106	»

Noto (Vincenzo), louage de voitures, etc. . . . 200 »

Pallotti (Niccolo), fourniture de chaises.

Italiani (Giuseppe), fourniture de meubles.

De l'Internationale, 40 couvertures 20 brancards et 15 drapeaux d'ambulance.

Locaux mis gratuitement à la disposition de l'Ambulance.

Une salle sise dans la Cour des Coches, appartenant à M. le comte de
Grandmaison, donnée par M. Antoine Billère et M. Reginald Gesling,
chapelain de l'ambassade britannique.

Deux étages pour corps de garde, boulevard Haussmann, nᵒ 13, donnés
par M. le comte et M. le vicomte Clary.

Des écuries pour trente chevaux, situées dans la Cour des Coches, données par MM. Guiot et Braudin.

Salle de l'Athénée, pour la soirée du 5 janvier, au profit de nos blessés,
donnée par M. Bischoffsheim.

Salle Hertz, pour une Conférence faite par M. le comte Montemerli.

**Voitures et chevaux offerts et laissés à l'usage exclusif, du-
rant tout le siége, de l'Ambulance, par leurs propriétaires.**

NOMS DES PROPRIÉTAIRES.

Messieurs :	chev.	voit.
Noto (Vincenzo).	5	2
Duval.	7	3
Bruno.	2	»
Caron.	2	»
Carrozzi	3	»
Guido (Bernardo).	2	1
Coblentz	1	1
Gruby (docteur).	1	1
Potel et Chabot	1	2
Smith.	1	1

	chev.	voit.
Mordan (Sampson). . . .	2	1
Mᵐᵉ Mauguin.	2	»
Messieurs :		
Verry.	1	1
Thubaut	»	2
Loiret (Antoine).	1	»
Aucelet (A.).	2	»
Masserano (Pietro) (ce cheval a succombé à cause du service.) . . .	1	1

Liste des Membres.

DE LA

COMPAGNIE HUMANITAIRE ITALIENNE.

ITALIANI (Giuseppe), sous-commandant.
MARAUDE (Alfredo), adjudantmajor.
MASSERANO (P.), chef de division.
PIOLLINI (G.-A.), »
PATRIZZI, (Domenico), chef de sect.
CAROZZI (G.), »
BECUCCI (Luigi), »
BARONCELLI (Raffaele), »
CAMPADELLI (Francesco), »
SANSEVERINO (Vincenzo), »
GIANOLLIO (Michele), secrétaire.
CASSELLARI (Vincenzo), secrét. adj.
FOSSI LIVIO FOURIER.
FARNDELL (G.), écrivain.
WAGNER (Serafino), caissier.
LUÉ (A.-F.), conseiller d'administ.
MARCHI (Salvatore), »
CASALEGNO (G.), »
ROSSI GIOVANNI. »
ZAMMARETTI (L.), »
CRISTOFORONI (G.), »
ERBA (Lorenzo), »
FERRARIO (Alessandro), »
VERNASSA (A.). »
LAUDI (Luigi), commissaire.

1. PIOLLINI (Valentino), caporal.
2. GUIDO (Bernardo), »
3. VENUTA (Giuseppe), »
4. GUIDO (Carlo), »
5. MARGONI (Luigi), brancardier.
6. SANTARCIENO (Giuseppe), »
7. MATTEI (Francesco), »
8. FASSANO (Giuseppe), »
9. GIACOMOTTI (Giacomo), »
10. FOSSI (Livio), »
11. GIULIANO (Domenico), »
12. CONTINI (Giuseppe), »
13. BONA (Giovanni), »

14. PONCIROLI (Guido), caporal.
15. DIVERSI (Pietro), brancardier.
16. GABARDINI (Angelo), »
17. PIOLLINI (Pietro), »
18. OMET (Francesco), »
19. BERNARDI (Luciano), »
20. TAMONI Benvenuto), »
21. RADICIOTTI (Raffaelle), caporal.
22. BERSANO (Vittorio), »
23. DIACO (Giuseppe), brancardier.
24. BONVINI (Pietro), caporal.
25. ROSA (Giacomo), brancardier).
26. FABER (Giacinto), cocher.
27. DALLAGATA (Andrea), »
28. BRUNO (Giuseppe), »
29. VALENTI (Paolo), brancardier.
30. ROSSI (Battista), »
31. GALLINOTTI (Antonio), »
32. NOTO (Vincenzo), cocher.
33. RUFFA (Carlo), brancardier.
34. GARIS (Carlo), »
35. PEZZATI (Leopoldo), »
36. CARDOSI (Ranieri), »
37. RADAELLI (Carlo), »
38. RICCADONA (Abele), »
39. PEROLINI (Giuseppe), caporal.
40. BRUNETTI (Antonio), brancardier.
41. MICHELI (Diomede), caporal.
42. PEROTTI (Lorenzo), »
43. URBINATI (Giovanni), brancard.
44. BARBIERI (Francesco), »
45. MEZZI (Secondox), caporal.
46. AIRAGHI (Alberto), brancardier.
47. LUCCHESI GABRIELE.
48. BERTELLI (Giuseppe), estafette.
49. CINZANO (Giuseppe), brancard.
50. FORNERO (Lorenzo), »
51. GIUDICE (Stefano), »
52. SOLANNO (Pasquale), »

53. Biondini (Filippo),   »
54. Vergnano (Lorenzo),   »
55. Jacquemod (Giuseppe),   »
56. Monteggia (Giuseppe),   »
57. Angelini (Luigi),   »
58. Tornaghi (Primo),   »
59. Sozzi (Paolo),   »
60. Delpamas (Placido),   »
61. Palmieri (Antonio), caporal.
62. Dolce (Salvatore),   »
63. Marchi (Alessio),   »
64. Grassi (Pietro), brancardier.
65. Cesa (Benedetto),   »
66. Casci (Celestino),   »
67. Capp.o (Celestino),   «
68. Belgiovanni (Eduardo),   »
69. Marchione (Giuseppe),   »
70. Raineri (Alessandro),   »
71. Gherardi (Antonio),   »
72. Pellegrini (Giuseppe),   »
73. Zamboni (Pietro),   »
74. Mattasollio (Giovanni)   »
75. Gandolfo (Roberto),   »
76. Renucci (Alessio),   »
77. Mozzato (Pietro),   »
78. Brunotto (Morizio),   »
79. Galimberti (Luigi), caporal.
80. Aprato (Battista),   »
81. Cortopassi (Antonio), brancard.
82. Donati (Emillio),   »
83. Alberti (Giuseppe),   »
84. Cibelli (Vincenzo),   »
85. Delea (Girolamo),   »
86. Aprato (Giuseppe),   »
87. Albertella (Andrea),   »
88. Dalmasso (Gioachim),   »
89. Morelli (Giovanni),   »
90. Danneggiani (Cesare),   »
91. Carmine (Andrea),   »
92. Erba (Carlo),   »
93. Carmine (Lorenzo), caporal.
94. Nanetti (Daniele), brancardier.
95. Tadeoni (Angelo).   »
96. Tojetti (Vincenzo),   »
97. Cristoforoni (Natale),   »
98. Kalbermatten (Adolfo),   »

99. Pianorosa (Lorenzo), brancand.
100. Sgalvinoni (Ferdinando) »
101. Gelardi (Giacomo),   »
102. Pacini (Odoardo),   »
103. Garreri (Carlo),   »
104. Facciotto (Giovanni),   »
105. Dal-Mutto (Giovanni), caporal.
106. Pellinacci (Giuseppe),   »
107. Tadeoni (Ernesto),   »
108. Menichelli (Antonio), brancardier.
109. Colla (Giacomo),   »
110. Galoppo (Guintino),   »
111. De Carlo (Dominico),   »
112. Kalbermaten (Giacomo), caporal.
113. Barbitta (Pietro), brancardier.
114. Cavallo (Giorgio),   »
115. Majone (Andrea),   »
116. Racino (Raffaele),   »
117. Santoro (Zaverio),   »
118. Vellia (Francesco),   »
119. Pugni (Giovanni),   »
120. Massadro (Carlo),   »
121. Cressini (Luigi),   »
122.   »
123.   »
125. Cortopazzi (Antonio),   »
126. Jossi (Giovanni),   »
127. Fradelizio (Dominico),   »
128. Mellerio (Pietro),   »
129. Ferrari (Giorgio),   »
130. Sotta (Antonio),   »
131. Bianchi (Carlo),   »
132. Bertagna (Camillo),   »
133. Bertagna (Carlo),   »
134. Bertagna (Giovani),   »
135. Rosso (Gioacchino), cocher.
136. Ferria (Giovanni), brancardier.
137. Alleaun (Pierre), cocher.
138. Bossan (A.),   »
139. Loiret (Antoine),   »
140. Ancelet,   »

STATUTS

ET

RÈGLEMENT GÉNÉRAL

DE LA

COMPAGNIE HUMANITAIRE ITALIENNE

DE PARIS

1° On vient de constituer à Paris une association qui a pris le nom de *Compagnie humanitaire italienne*.

2° Cette compagnie dépendra directement, pour les garanties morales, de la *Commission italienne de secours aux blessés*, dont le siége est 24, rue Taitbout.

3° Le but de cette association est essentiellement humanitaire : elle donnera des secours aux blessés ; elle prêtera son œuvre toutes les fois que l'on aura besoin d'elle dans un but philanthropique.

4° La Compagnie devant être revêtue, pendant son service, des insignes de la Société Internationale et de la croix de Genève, ne pourra se mêler aucunement des questions politiques du pays. Tous ses membres s'obligent solidairement de ne pas porter d'armes pendant leur service en uniforme, de ne pas assister à aucune manifestation armée ou pacifique ayant un but politique.

ORGANISATION.

1° Les cadres de la Compagnie humanitaire italienne seront divisés en deux fractions, qui s'appelleront 1re et 2e *division*. Chaque division sera composée de deux *sections*, chaque section de trois *escouades*.

2° Le commandement de la compagnie se composera de la manière suivante : Un commandant en chef, — un vice-commandant, — deux adjudants, — deux chefs de division, — quatre chefs de section, — vingt-quatre caporaux, — deux commissaires d'administration.

3° L'uniforme de l'association se compose d'une vareuse bleu foncé, avec des boutons en métal comme ceux de la Société Internationale, d'un ceinturon en cuir noir avec une boucle en métal, d'une casquette avec la croix de Genève.

4° Chaque membre de la compagnie portera sur le côté droit de la poitrine une plaque blanche, qui aura au milieu la croix de Genève entourée de la légende : *Compagnie humanitaire italienne.* Cette plaque ne sera jamais détachée de l'uniforme.

5° La nuance du pantalon est facultative ; cependant on recommande à chaque membre d'en adopter une foncée.

6° Chaque membre recevra une carte personnelle, qu'il ne pourra transmettre à personne, et qu'il devra présenter toutes les fois qu'on la lui demandera pour prouver son identité. Dans le cas d'égarement de ladite carte, on devra immédiatement en prévenir le commandant de la compagnie, qui prendra les mesures nécessaires.

7° Chaque membre de la compagnie recevra le brassard de la convention de Genève. On mettra le brassard au bras gauche pendant la durée du service auquel on sera destiné par le commandant de la compagnie.

8° Chaque membre prêtera son œuvre gratuitement : il s'habillera à ses frais ou avec le concours de ses collègues. Il est expressément défendu de demander une indemnité quelconque pour les services rendus. Chaque fois qu'un urgent besoin public se présente, soit incendie, soit alarme ou attaque inattendue, tout membre de la Compagnie est obligé de se rendre immédiatement au siége de sa division respective, les services isolés n'étant pas reconnus.

RÈGLEMENT DU SERVICE.

1° Les deux divisions auront alternativement leur résidence dans ces deux locaux : 13, *boulevard Haussmann*, et 30, *faubourg Saint-Honoré, cour des Coches.* Le siége du commandement de la compagnie sera 24, rue Taitbout.

2° Le service de garde sera fixé deux jours par semaine à l'appel général, qui aura lieu à quatre heures du soir, les jeudis et les dimanches.

3° La Compagnie s'étant mise à la disposition des maires des 8° et 9° arrondissements, devra, dans son service, se mettre d'accord avec lesdites autorités. Si quelquefois le commandant de la compagnie veut franchir les limites de ces deux arrondissements et aller jusque sur le champ de bataille, on ouvrira une liste spéciale des

4

hommes de bonne volonté qui voudront bien remplir cette tâche sous les ordres et la protection de l'Intendance militaire.

DISCIPLINE.

1° Cette Compagnie durera tout le temps du siége de Paris.

2° L'ordre du service étant réglé jour par jour, les membres qui ne se présenteront pas à l'heure fixée, seront punis par le Conseil de discipline, s'ils ne donnent pas des justifications sérieuses pour excuser leur absence.

3° Si un membre manque trois fois à l'appel, sans une cause sérieuse, le commandant de la compagnie le punira en livrant son nom et son adresse à la publicité, et fera des démarches auprès de l'autorité pour lui faire retirer immédiatement son brassard et sa carte personnelle.

4° Seront immédiatement expulsés de la Compagnie et dénoncés aux journaux les membres : 1° qui se feront voir en état d'ivresse ; — 2° qui prendront part ou donneront prétexte à une rixe pendant le service ; — 3° qui participeront à un acte politique quelconque ; — 4° qui, revêtus de l'uniforme de la Compagnie, par leur maintien, seront un sujet de scandale aux citoyens ; — 5° qui, en uniforme aussi, iront jouer dans les cafés ou autres endroits publics ; — 6° qui manqueront de respect aux autorités constituées, civiles et militaires.

Pour l'exécution de ce règlement, le commandant de la Compagnie nommera un conseil de discipline qui jugera tous les cas de transgression, sauf à remettre aux autorités militaires le jugement des cas prévus par le Code militaire.

ADMINISTRATION.

1° L'exécution des règlements de la Compagnie sera surveillée par un conseil qui prendra le nom de *Conseil d'Administration et de Discipline.*

2° Le Conseil, avec le plus grand soin et dans le plus court délai possible, prendra des renseignements sur la moralité de chaque membre de la Compagnie. Il dénoncera immédiatement au commandant de la Compagnie le membre dont la moralité ne présente pas toutes les garanties possibles. Le Conseil exercera une surveillance continuelle sur l'accomplissement des devoirs de tous.

3° Les membres du Conseil auront le droit de porter la casquette avec la croix de Genève. Ils auront toujours sur eux leur carte personnelle, qu'ils présenteront si on la leur demande, et qu'ils ne pourront pas transmettre à d'autres personnes sous peine de radiation.

4° Les membres du Conseil d'administration s'obligent de se réunir tous les soirs à huit heures au siége de l'administration pour prendre les délibérations nécessaires. L'absence de chaque membre sera considérée et punie d'après les bases du règlement de discipline.

ADMINISTRATION ÉCONOMIQUE.

1. Le Conseil d'administration pour la partie économique sera composé d'un caissier, de deux syndics et d'un teneur de livres.

2° Le compte-rendu hebdomadaire de la gestion de la Compagnie sera présenté à chaque réunion générale.

3° Le compte-rendu général de la Compagnie, à la fin de la gestion, devra faire partie intégrale du compte-rendu de la Commission de secours.

4° Les fonds destinés à la Compagnie ne pourront être employés qu'aux besoins de la Compagnie même.

5° La Commission de secours, qui a considéré comme un honneur la tâche de s'associer la *Compagnie humanitaire*, se fera un devoir de surveiller avec soin sa moralité, et d'indiquer à la reconnaissance publique le nom de tous ses membres qui auront rendu des services éclatants, ainsi que ceux qui auront été blessés en remplissant leur devoir.

Fait et rédigé au siége de la Compagnie, rue Taitbout, 24.

Pour la Compagnie et Commission de secours italienne :

M. le comte DE MONTEMERLI.

Pour la Compagnie :

Commandant, ITALIANI (JOSEPH).

Chef de division, (MASSERANO).

Chef de section, PIOLINI (JEAN).

Pour le Conseil d'administration :

A. FELINO-LUÉ. — CASSALEGNO (JOSEPH). — GIANOLLIO (MICHEL).

Secrét.-Comptable.

Paris, 1er octobre 1870.

SOMMAIRE

OU TABLE ANALYTIQUE.

A. PARENT, imprimeur de la Faculté de Médecine, rue M^r-le-Prince, 31.

www.ingramcontent.com/pod-product-compliance
Lightning Source LLC
LaVergne TN
LVHW020041090426
835510LV00039B/1358